Édition tirée à 25,000 exemplaires.

Histoire

DE DEBURAU.

PRIX : 4 SOUS.

HISTOIRE
DE
DEBURAU,

Par J.-B. Ambs-Dales.

TROISIÈME ÉDITIONS.

AUGMENTÉE DE SON PROCÈS DEVANT
LA COUR D'ASSISES.

Un grand homme appartient à l'univers entier.

PARIS,
CHEZ ERNEST BOURDIN, LIBR.-ÉDITEUR,
57 et 59, rue Quincampoix.
ET CHEZ TOUS LES MARCHANDS DE NOUVEAUTÉS.

1836.

Imprimerie de A. BELIN, rue Sainte-Anne, 55.

UN MOT.

Quand parut, il y a bientôt quatre ans, la première édition de cette petite biographie, nous disions :

« Notre but, en publiant cette brochure, a
» été de rendre, en quelque sorte, populaire
» l'histoire du premier mime comique de Pa-
» ris, et peut-être de la France.

» Un narré de la vie de Deburau, de ce co-
» médien du peuple, ne pourrait manquer
» d'intéresser le peuple ; M. Jules Janin a fort
» bien compris cela ; aussi l'avons-nous vu se
» constituer le premier l'historiographe de
» notre sublime paillasse.

» Mais M. J. Janin a eu un tort c'est celui
» très-grave de s'attacher à peindre la per-
» sonne peut-être plus que le comédien, et
» de nous initier à la vie privée de Deburau,
» quand c'est sa vie publique seule, sa vie de

» tapis et de tréteaux, qu'il fallait se con-
» tenter de nous montrer. »

» Un autre tort de M. J. Janin, c'est d'a-
» voir prêté à son héros des aventures qui ne
» lui appartiennent pas. Son livre n'en est que
» plus intéressant, direz-vous... D'accord,
» mais il cesse d'être vrai, et dès-lors ce n'est
» plus l'histoire de Deburau. »

» Il n'est pas vrai, par exemple, que Debu-
» rau ait soutenu contre l'administration de
» son théâtre un procès sous prétexte qu'on
» le forçait à s'habiller dans une cave humide
» et malsaine; en revoyant la *Gazette des*
» *Tribunaux* de l'époque, on se convaincra
» que ce procès, connu aux petits théâtres
» du boulevart sous le nom de *procès du*
» *champignon* (1), eut lieu entre madame Sa-
» qui et un acteur de son théâtre, nommé
» Plançon. »

» Dirons-nous aussi que la rencontre de
» Napoléon avec le pauvre paillasse Deburau
» est controuvée. »

» Que...... Mais que deviendrait le livre

(1) Un énorme champignon, recueilli dans la cave même qu'on avait transformée en loge, et où l'on forçait le malheureux artiste à s'habiller, servit dans ce procès de pièce de conviction, et fournit la preuve matérielle de l'insalubrité de cet endroit.

» de M. J. Janin, si nous voulions réfuter tout
» ce que, de l'assentiment de Deburau lui-
» même, nous pourrions démentir? n'est-ce
» pas là le cas de s'écrier:

» Et voilà justement comme on écrit l'histoire.

» Et puis, pourquoi ce luxe de vignettes et
» de typographie pour un ouvrage soi-disant
» populaire?
» N'est-ce pas là encore une de ces déri-
» sions jetées au peuple? Sept francs cin-
» quante centimes! Le prix de ton travail de
» trois jours, pauvre prolétaire, et tu auras
» l'histoire de Deburau, et tu pourras te ré-
» créer à lire le récit de la vie de ton acteur
» aimé; et quand tu retourneras le voir, ce
» comédien sublime, à son petit théâtre, tu
» auras du moins la satisfaction de pouvoir te
» dire: *Je connais l'homme!*
» Quand à nous, nous le répétons, notre
» brochure a été faite pour le peuple; la mo-
» dicité de son prix le prouve, d'ailleurs.
» Sans doute elle n'est pas aussi volumineuse
» que le livre de M. J. Janin; mais nos lec-
» teurs nous sauront-ils moins de gré d'avoir
» élagué de l'histoire de Deburau une foule
» d'inutilités dont le deuxième volume de

» l'ouvrage de M. J. Janin est composé ;
» savoir :

» 12 pages et plus : copie de l'engagement
» de Deburau.

» 30 pages et plus : explication de la pan-
» tomime de *ma Mère l'Oie.*

» 20 pages et plus : liste des accessoires du
» théâtre des Funambules, etc. etc. »

C'étaient là en effet des remplissages, dont nous n'avions pas jugé à propos de charger notre opuscule que, tout imparfait qu'il était, nous n'hésitâmes pas à livrer à la publicité, certains que nous étions, de l'intérêt avec lequel il serait accueilli par les nombreux admirateurs du talent de Deburau.

Le succès a dépassé en quelque sorte nos espérances, deux éditions tirées à deux mille exemplaires chacune, sont depuis long-temps épuisées.

Aujourd'hui qu'une grande catastrophe jetée à l'improviste sur la vie jusqu'alors si paisible de Deburau, en l'amenant sur les bancs de la cour d'assises, est venu raviver la curiosité du public et appeler de nouveau son attention su le célèbre mime, nous avons dû céder au vœu général qui réclamait vivement une nouvelle édition de sa vie.

C'est cette troisième édition que nous publions ici, et que nous avons cru devoir faire suivre du procès de Deburau, pour lui donner un titre de plus à l'accueil bienveillant qu'à fait le public aux deux premières.

⦿⦿⦿⦿⦿⦿⦿⦿⦿⦿⦿⦿⦿⦿⦿⦿⦿⦿⦿⦿⦿⦿⦿⦿⦿⦿⦿⦿⦿⦿⦿⦿⦿

Ce fut à Newkolin, en Bohême, que Jean-Gaspard Deburau naquit, le 31 juillet 1796.

Chétif enfant d'un pauvre soldat, la misère entoura son berceau, à lui, destiné à être un jour l'orgueil de la scène..... des Funambules.

Il avait quinze ans, lorsqu'un jour il arriva d'Amiens une lettre au papa Deburau, qui lui donnait la nouvelle d'un héritage.

Pauvre soldat, que devint-il à la lecture de cette lettre? que de projets de bonheur ne se croisèrent pas dans sa tête! Après une vie de privations et de misère de toute espèce, se voir tout-à-coup riche, heureux, comme cela fait battre délicieusement une poitrine d'homme! comme dirait M. Alexandre Dumas, fût-ce celle d'un homme de Bohême.

Mais cet héritage, malheureusement, on ne l'avait pas là sous la main. Une longue, bien longue route était à faire pour recueillir cette succession, qui tombait là comme du ciel : comment l'entreprendre, cette route, sans ressource, sans le moindre pécule ? Mais rassurez-vous, le papa Deburau est là ; il sait que la providence n'abandonne jamais ceux qu'elle se met une fois en train de protéger, aussi compte-t-il fermement sur cette bonne providence et sur les bras et les jambes de ses enfans, dont il a fait des sauteurs.

Oui, des sauteurs, pauvres enfans ! car notez que notre héros avait communauté de sang avec deux frères et deux sœurs. Pauvres enfans donc, pour subvenir aux besoins du voyage, ils font, dans toutes les villes où ils passent, depuis Newkolin jusqu'à Amiens, *les grands écarts*, *le monde renversé* et mille tours de force et d'adresse plus surprenans, plus émerveillans, mais aussi plus éreintans les uns que les autres ; aussi Frantz (1), Etienne, leur sœur aînée, dite *la belle hongroise*, et la jeune, la gentille Dorothée, font-ils ample moisson d'argent et de succès

---

(1) C'est de ce nom que j'ai toujours entendu appeler le frère aîné de Deburau, et non de celui de Nieumenseck, indiqué, je ne sais pourquoi, dans l'ouvrage de M. J. Janin ; mais peut-être a-t-il raison. Toutefois, je puis assurer que, moi, je n'ai pas tort.

en tous genres. Quant au pauvre Gaspard, qui (soit dit sans flatterie) était d'une maladresse peu commune dans tout ce qu'il essayait de faire, son père, n'en pouvant tirer aucun parti, l'avait constitué le farceur, le paillasse de la troupe, chargé de faire valoir ses frères et sœurs, comme l'ombre, dans un tableau, est destinée à en faire ressortir les effets de lumière.

Un beau matin, après avoir ainsi longtemps cheminé, toute la famille poussa un cri de joie, une exclamation de bonheur: on venait de découvrir les clochers d'Amiens.

Heureuses gens! comme ils vont se délasser des fatigues du chemin, au sein d'un doux repos! Plus de bravos à recueillir, mais aussi plus de vie à risquer dans un *saut de carpe* ou un *saut d'ivrogne*.

Je vous laisse à juger si notre Gaspard était content d'arriver, lui, qui durant la route, avait dévoré tant de fois ses larmes en voyant les succès de ses frères et les égards que son père avait pour eux, tandis que lui, pauvre diable, ne recevait de l'auteur de ses jours que des bourrades et de paternels horions.

Mais combien les félicités humaines sont de courte durée! Cet héritage, si magnifiquement rêvé, se résumait en une misérable bicoque et quelques arpens de terre. Le tout fut bientôt dévoré, grâce à l'appétit des commensaux du logis.

Le chétif patrimoine vendu, il fallut se remettre à travailler sur nouveaux frais. Si vous eussiez vu le pauvre Gaspard, à la nouvelle qu'on allait entreprendre encore un voyage qui devait se prolonger indéfiniment, il vous aurait fait peine. Vrai sa figure enfarinée d'aujourd'hui, cette figure qui vous fait tant rire, pourrait passer pour fraîche et rosée en comparaison de celle si piteuse qu'il fit alors.

Ce fut vers Constantinople que se dirigea, cette fois, la famille nomade ; corde raide et fil d'archal lui frayèrent une route jusqu'au-delà des Dardanelles.

Lorsque, dans une pièce orientale (et on en donne souvent aux Funambules, des pièces orientales) vous voyez un sourire effleurer la lèvre de Pierrot-Deburau, lorsque trompant la surveillance du grand eunuque noir, il parvient à se glisser jusqu'au harem des femmes du sultan, vous riez avec lui, et sans savoir qu'il rit de souvenirs, lui; voici le fait.

A l'époque dont je vous entretenais tout à l'heure, c'est-à-dire lorsque la famille Deburau était à Constantinople, elle eut l'insigne honneur d'être appelée à donner quelques représentations dans le palais de sa hautesse, si bien que, certain soir, l'une de ces représentations eut lieu au milieu du harem même, c'est-à-dire dans une salle immense coupée en deux par un rideau de soie derrière lequel nos sauteurs, tout en exécutant leurs tours sans qu'aucun spectateur visible fût là, entendaient de temps en temps quelques chuchotemens à voix basse, et comme des rires étouffés. Notre héros seul fut assez heureux pour découvrir la cause de ce frémissement presqu'insensible dont le rideau de soie se trouvait de temps en temps agité. Au moment où il était parvenu au dernier échelon d'une échelle que son frère devait soulever à la vigueur de son bras, il vit..... oh! que ne vit-t-il pas ?..... les odalisques du harem en costume semi-paré semi-naturel! Fortuné Gilles! la tête faillit lui tourner à la vue de tant de merveilles; et si son frère n'eût à temps reposé l'échelle à terre, je ne sais ce qu'il serait advenu de Gaspard-Jean Deburau.

Quand la famille fut lasse de voyager dans le Levant, elle revint en Allemagne, où ses talens furent mis à l'essai dans presque toutes les cours souveraines grandes et petites au-delà du Rhin, depuis celle du puissant empereur d'Autriche, jusques et y compris celle du margrave très-haut, très-puissant et très-excellent seigneur de Wis-Baden-Baden.

Et dans tous ces voyages, bravos et lauriers continuèrent à pleuvoir sur l'heureuse famille du papa Deburau, hormis sur notre Gaspard qui, malgré les nombreux succès obtenus par ses frères et sœurs, resta toujours Gaspard, le plus maladroit Gaspard qui fût au monde. Qui eût pensé que cette grande incapacité devait produire un jour le plus excellentissime des.... pierrots passés, présens et à venir.

Paris, la reine des cités, ne pouvait être privée éternellement de l'avantage d'apprécier à son tour les grands talens de nos sauteurs, dont la renommée était parvenue jusqu'à elle, et bien en prit-il à la bohémienne lignée de dire adieu aux contrées d'Outre-Rhin pour se diriger vers la capitale des beaux-arts, afin d'y recevoir les applaudissemens des Parisiens, applaudissemens qui devaient imprimer un sceau indélébile à la réputation que s'était acquise la famille nomade dans ses voyages, et la confirmer à tout jamais.

Or, un beau matin, toute la troupe débarqua au faubourg du Temple et s'installa dans la cour Saint-Maur, où un théâtre de sauteurs, danseurs de corde, équilibristes, etc., fut érigé. Toutes les sommités saltimbanquistes vinrent unir leurs talens à ceux de la famille Deburau, qui se trouva, grâce à *la grande marche militaire*, aux *pyramides d'Egypte*, aux *sauts de Carpe, sauts d'ivrogne*, enfin aux sauts de tous les genres, à l'apogée de sa gloire.

Mais la mort, qui se rit des projets de la pauvre humanité, qui frappe également le riche et le pauvre, le prince et le saltimbanque, la mort fit main basse sur le chef de la famille Deburau, et cette catastrophe devint en quelque sorte le signal du schisme des membres de cette famille.

Ce fut alors que notre héros entra dans la troupe des Funambules, qui venait de remplacer, au théâtre de ce nom, les chiens savans, qui avaient fait long-temps, par leurs tours d'adresse et leurs évolutions militaires, les délices des habitués du boulevart du Temple.

Pauvre Gaspard ! sous la férule paternelle, il n'avait jamais osé être lui, et pourtant il se sentait une vocation intérieure pour le genre des lazzis; mais ce genre, il ne voulait pas qu'il fût dejà connu, c'était un genre à part, un genre unique qu'il avait rêvé, il en fut le créateur.

Nous devons dire aussi que la timidité avec laquelle il débuta devant les spectateurs du théâtre des Funambules servit elle-même les projets de Deburau.

A cette époque, la pantomime arlequinade, qui n'était qu'au berceau, ne consistait qu'en lazzis et bouffonneries de tous genres; le front se déride encore involontairement au souvenir des tribulations de Cassandre et de Pierrot, dans *Arlequin médecin*, *Arlequin dogue*, *Arlequin au tombeau*, etc. Oh! comme le cœur battit à Deburau, quand il se montra pour la première fois dans une de ces pièces avec sa figure enfarinée. Jusque-là on avait vu des pierrots se noircissant les sourcils, s'agrandissant la bouche à l'aide du rouge, pour paraître plus comiques. Deburau ne fit rien de tout cela; il se contenta de jeter du blanc sur sa figure; mais ce masque et l'apparence de gaucherie que lui donnait sa timidité, joints à l'expression muette de sa physionomie et à son air sérieux, parurent tellement plaisans aux spectateurs qu'il fut accueilli par un élan spontané d'hilarité.

Le cœur de notre artiste se gonfla de joie: il avait été compris.

Depuis ce jour, Deburau ne fit qu'ajou-

à sa gloire par de nombreux et véritables succès dans tous les rôles de *Pierrot* qui lui furent confiés : c'était toujours la même figure enfarinée, mais ce n'était jamais le même acteur; il avait mille moyens de provoquer le rire et cela sans gambader, sans faire une foule de lazzis, à l'exemple de ses prédécesseurs. Toujours simple, toujours naturel ; d'un sérieux imperturbable au milieu des charges les plus grotesques, voilà quels étaient ses avantages sur la foule des vulgaires paillasses qu'on avait vus jusqu'alors.

Et quand le théâtre des Funambules embrassa le genre semi-arlequinade semi-chevaleresque, la réputation de Deburau ne souffrit pas de ce changement. Pourvu qu'il conservât sa figure enfarinée, soit sous un casque d'écuyer, soit sous un chapeau de paysan, ou même sous la rézile du bandit napolitain, il savait toujours provoquer le rire. Qui l'a vu dans *le Faux Ermite*, dans Oromaze et Arimane, dans *le Château de Renthal*, peut juger si notre assertion est fondée, et si Deburau ne mérite pas justement d'être nommé le PRINCE DES PIERROTS.

Dans sa carrière dramatique, Deburau a reçu les encouragemens d'artistes distingués; pour lui, et à cause de lui seulement, le théâtre des Funambules a été visité par nos célébrités dramatiques et littéraires; des artistes, des savans, MM. Picard, Gérard, Redouté, Fontaine, Charles Nodier, etc. Mesdames Mars, Paradol, Dorval, ont applaudi le jeu inimitable de notre excellent mime comique, impayable surtout dans *le Songe d'or*, dans *le Bœuf enragé* et dans *Ma Mère l'Oie*.

Qui eut jamais pensé que cette vie de joyeux et insouciant artiste, allait se voir tout-à-coup assombrie par un de ces événemens, disons mieux, par une de ces catastrophes terribles et imprévues que la fatalité jette parfois sur notre route; un jour vint où l'opinion publique fut mise en émoi par ces mots : *Deburau a tué un homme.*

Voici comment la *Gazette des Tribunaux*, en date des 11 et 22 mai, rend compte de cette affaire et du procès qui en fut la suite.

» Le lundi 18 avril dernier, vers 4 heures du soir, Deburau, passant dans la grande rue de Bagnolet, avec sa femme et ses deux enfans, est insulté par un jeune homme qu'il ne connaissait pas et qui, les mains placées à chaque côté de sa bouche, pour donner plus de portée à sa voix, crie de toutes ses forces : « Voilà Pierrot, mauvais sauteur de cordes ;

voilà Pierrot avec sa margot, arlequin avec son arlequine. » Justement irrité de ces vociférations offensantes et plusieurs fois répétées, il se dirige vers ce jeune homme, pour lui en demander raison ; on le voit déboutonner son habit, à l'exemple de quelqu'un qui se dispose à se battre. Il porte un bâton noueux en bois d'épine. Le jeune homme, seul au milieu de la rue, fait encore entendre ces mots : « Viens donc, mauvais paillasse, viens donc ici, mauvais acteur. » La femme Deburau court se placer entre son mari et l'inconnu, pour empêcher qu'une lutte violente ne s'engage. Dans cette situation, Deburau assène un coup de canne sur la tête du jeune homme, lequel tombe immédiatement, se lève, tombe encore, puis se relève et va s'asseoir sur un tas de pierres, à une soixantaine de pas, où il perd bientôt connaissance, et cinq quarts d'heure après il expire. A la partie moyenne, supérieure et latérale droite de la tête, existe une plaie que deux médecins commis par la justice, estiment être le résultat d'un coup violent. Ce coup a produit une contusion du cerveau et un épanchement de sang, causes de la mort. La clavicule gauche est fracturée, ce qui paraît devoir être attribué à une chute qui, elle-même, a déterminé des excoriations remarquées à la surface du corps.

» L'individu tué s'appelait Nicolas-Florent Vielin. Il avait été admis à l'hospice des orphelins ; mais depuis le 29 mai 1829, l'administration l'avait confié à son beau-frère le sieur Dechemy, batteur en cuivre, pour qu'il lui apprît son état. Parvenu à l'âge de 19 ans, il se montrait peu docile aux conseils du sieur Dechemy. C'est ce qui avait déterminé ce dernier, depuis six semaines, à le faire occuper par le sieur Léger, son ancien ouvrier, auquel il continuait à donner de l'ouvrage.

Les époux Léger avaient emmené Vielin se promener avec eux, dans l'après-midi du lundi 18 avril, sur les hauteurs de Bagnolet. Il ne les avait point quittés un seul instant, et il ne s'était livré à aucun excès de boisson. Le sieur Léger paraît l'avoir inutilement, et à plusieurs reprises, engagé à cesser de proférer les injures dont les conséquences lui ont été si fatales.

Bien que tout prouve qu'il y ait eu provocation de la part de Vielin, comme il y a eu mort d'homme, Jean-Gaspard Deburau est accusé d'avoir, en avril 1836, volontairement porté un coup et fait des blessures à Vielin, lesquels coup porté et blessures faites sans intention de donner la mort, l'ont pourtant occasionée ; crime prévu par l'article 309 du code pénal.

» Arrive, après un mois de prévention pour Deburau, le jour solennel où va être jugée cette affaire si impatiemment attendue.

» Un jeune homme comparaît d'abord devant les jurés. Il a dérobé dans une malle quelques mauvaises hardes : il avoue sa faute. Défendu avec une parfaite convenance par M° Roger de Chalabre, et par le bienveillant résumé de M. le président, l'accusé est renvoyé absous. Il quitte avec joie le banc des accusés, où Deburau va le remplacer.

» Deburau est introduit ; il s'avance timidement et d'un pas mal assuré. Il paraît ému: quelques larmes roulent dans ses yeux et lui concilieraient la sympathie générale, si ce n'était déjà une conquête faite. Il jette d'abord un regard étonné sur ce parterre élégant où se pressent, sans crainte de compromettre leurs fraîches toilettes, une foule de notabilités féminines.

» Ce n'est pas ce monde là que tu cherches, ô Deburau! regarde là-bas, au fond de l'auditoire. Là est ton public, ton vrai public, en veste et manches retroussées; ton public à quatre sous, qui, aujourd'hui, n'aura rien payé. Aussi, voyez comme ils se regardent, le public et son paillasse! Voyez comme la joie qui brille sur ces visages crasseux et épanouis, se réflète doucement sur le visage pâle et hâlé du pauvre Bohémien!

» Mais d'où vient l'intérêt qu'inspire cet homme? l'intérêt qu'il inspire au beau monde, aux belles dames, je le comprends : le beau monde est encore sous l'influence de la charmante mystification en deux petits et trop petits volumes, auxquels Deburau doit sa célébrité. Mais ce public débraillé, qui ne lit guères, d'où vient son amitié pour cet homme? Le spirituel biographe, que vous connaissez tous, cet aimable cousin de Sterne, vous l'a dit : c'est que Deburau est « l'acteur » du peuple, l'ami du peuple, bavard, gour- » mand, flaneur, faquin, impassible, révolu- » tionnaire comme est le peuple. » A quoi j'ajouterai un mot que me disait un peintre de mes amis, enthousiaste de Deburau : « Vos danseurs de l'Opéra miment le langage du monde, langage flasque, courtisanesque et incolore; mais Deburau *mime l'argot.*» Observation profonde, qui me paraît résumer admirablement le mérite artistique de l'illustre paillasse, et qui explique d'un mot l'influence magique de cet homme, sur son public en guenilles: il mime l'argot!

» Et puis, autre chose que l'intérêt pour Deburau pousse cette foule vers la cour d'assises. Le public, à vrai dire, connaît le paillasse des Funambules, mais ne connaît pas Deburau; le public n'a pas encore vu les traits de son paillasse chéri qu'au travers du masque de farine sans lequel il n'a jamais paru. Le public ne l'a jamais entendu parler, Deburau! Le public connaît le geste expressif, mordant, railleur, la grimace variée à l'infini de l'artiste funambule-mime, « cette grimace parfois si piquante, dit son biographe, que tout l'esprit de Beaumarchais s'avouerait vaincu : » mais le public ne l'a jamais entendu parler, lui, Deburau! Comprenez-vous maintenant l'empressement du public?

» Or, nous qui sommes assez heureux pour voir le grand artiste, nous vous dirons qu'il a les cheveux châtains, son air est doux et modeste, ses gestes embarrassés. Il paraît plus jeune qu'il ne l'est réellement. Il est vêtu d'un habit noir, d'un gilet noir, d'un pantalon noir, comme vous et moi. Nous croyons même pouvoir vous donner l'assurance qu'il parle comme tout le monde : car nous l'avons entendu très-distinctement, il n'y a qu'un instant, échanger quelques paroles avec son voisin, le garde municipal. Mais silence ! l'audience va commencer.

M. *le président* : Accusé, comment vous appelez-vous ?

Deburau : Jean-Gaspard Deburau. — D. Quel est votre âge ? — R. Je vais sur 40 ans. — D. Où êtes-vous né ? — R. A Newkolin, en Bohême. — D. Quelle profession exercez-vous ? — R. Artiste dramatique. — D. Où demeurez-vous ? — R. Rue du Faubourg-du-Temple, 28.

M. *le président* : Vous êtes né en pays étranger, combien y a-t-il de temps que vous êtes en France ? — R. Depuis environ 32 ans ; j'avais huit ans. — D. Vous êtes attaché au théâtre des Funambules : le 18 avril, il paraît que vous ne jouiez pas ; n'étiez-vous pas allé vous promener avec votre femme et vos enfans ? — R. Oui, monsieur ; j'avais obtenu un congé de mon directeur. — D. Quel âge a l'aîné de vos enfans ? — R. Il a huit ans et demi.

M. *le président* : Racontez-nous comment la scène du 18 avril s'est passée ? (Attention).

L'accusé : J'étais à me promener avec ma femme et mes enfans. Arrivé à Romainville, aux environs des Prés-Saint-Gervais, un

jeune homme qui se trouvait en la société de deux autres personnes, se mit à crier : « Ah! voilà Pierrot avec sa margot, arlequin avec son arlequine. » Comme il continuait ses cris, j'ai quitté la route, j'ai pris un chemin de traverse, et je me suis dirigé vers Bagnolet. Environ deux heures après, je suis rejoint par ces mêmes personnes. Le jeune homme a alors recommencé ses cris, et pour mieux se faire entendre, il mettait les mains au coin de sa bouche, et criait à tue-tête : « Eh! Pierrot! Eh! paillasse, méchant paillasse, te voilà avec ta margot; ta p..... » Je faisais comme si je ne l'entendais pas, lorsque mon petit garçon me dit : « Papa, voilà en-
» core ces hommes qui t'appellent paillasse. »
Je donnai à mon fils un coup de pied au derrière, en lui disant de se taire; mais enfin, comme ça continuait, je suis revenu vers ce jeune homme, et je lui ai dit : « Que me voulez-vous? Vous dois-je quelque chose? » Il a fait mine de se retirer; mais voyant le monsieur qui était avec lui, et que j'ai su être son maître, venir vers moi, le jeune homme est revenu aussi; alors, comme je m'avançais pour entrer en explication, ma femme m'a saisi à bras-le-corps, et dans les efforts que je faisais pour me délivrer, ma canne est tom-

bée je ne sais comment sur l'un des deux individus qui continuaient à m'accabler d'injures.

M. *le président* : Comment teniez-vous votre bâton?

L'accusé : Par le milieu.

M. *le président* : Par quel bout l'avez-vous frappé?

L'accusé : Par le petit bout.

M. *le président* : Quelle était votre intention en faisant usage de votre canne?

L'accusé : Je répète que je n'avais pas l'intention de frapper.

M. *le président* : Lorsque vous avez su que le malheureux était mort du coup qu'il avait reçu, n'avez-vous pas dit tout de suite : « S'il est tué, tant pis pour lui : quand je suis en colère, je ne me connais pas? »

L'accusé : Non, Monsieur. Cela n'est pas possible, car je n'ai su que le jeune homme était mort que le lendemain.

M. *le président* : Lorsque vous êtes rentré à Paris, n'avez-vous pas été déclarer au commissaire de police ce qui était arrivé? — R. Oui, Monsieur, j'ai été de suite en rentrant chez le commissaire de police qui demeure dans ma maison. — D. Quand avez-vous su que le jeune Vielin était mort? — R. Je l'ai su le lendemain, et ceux qui me l'ont appris peuvent dire combien j'ai été affligé. M. le commissaire m'a demandé avec quoi je l'avais frappé, et j'ai été aussitôt chercher cette malheureuse canne.

On procède à l'audition des témoins.

M. Léger, après avoir déclaré qu'il connaît l'accusé depuis environ quinze ans qu'il le voit jouer aux Funambules, rend compte de la scène du 18 avril, dont il a été témoin.

M. *le président*, au témoin avec sévérité : Vous auriez dû engager le jeune Vielin à se taire. Vous étiez son maître ; vous auriez dû user de votre empire sur lui, et si vous l'aviez fait, l'accident malheureux que nous avons à déplorer ne serait pas arrivé.

Le témoin : Je l'ai, en effet, engagé à se taire. Je lui ai dit : « Assez ! assez ! tais-toi donc ; puisque c'est lui, il ne faut pas insulter cet homme. »

M. *le président :* C'est ce que vous dites aujourd'hui ; mais il paraît que vous ne l'avez pas fait. Vous n'aviez, vous ni votre apprenti, aucun motif d'animosité contre Deburau.

Le témoin : Au contraire ; nous avions été le vendredi précédent le voir jouer, et nous en parlions tous les jours.

M. *le président :* Eh bien ! c'était une raison de plus pour imposer silence à Vielin ; vous deviez l'engager à ne plus insulter un homme qui avait, comme vous le dites, contribué depuis quinze ans à vos plaisirs.

La dame Léger confirme la déposition de son mari. Elle a vu Deburau une première fois aux Prés-St.-Gervais, et il était fort bien. Elle n'a pas entendu l'apprenti dire des injures à Deburau. « Lorsque celui-ci l'eut frappé, ajoute la dame Leclerc, le jeune homme tomba par terre. Il se releva, et alla s'asseoir sur un tas de pierres. Je lui demandai s'il avait du mal. Il répondit que non, mais il pâlissait. Je lui jetai de l'eau à la figure. Il pâlissait toujours, quoiqu'il disait ne rien avoir. Mon mari alla chercher des secours : on transporta le jeune homme dans une maison, où il passa. »

M. *Marcelis*, tourneur : Je me trouvais à Bagnolet. J'avais bien remarqué d'abord des personnes que j'ai su depuis être M. et Mme Deburau et M. et Mme Léger, à cause d'un petit chien rouge qui était venu rôder autour d'une chienne. (On rit). Quelque temps après je vis un jeune homme assis sur un tas de pierres, et auquel on semblait donner des soins. On me dit alors que M. Deburau venait d'assommer quelqu'un d'un coup de canne, et M. Léger me dit : « Tenez, le voilà qui s'en va là-bas. » Je regarde, je vois en effet le petit chien rouge et je me dis : « C'est nécessairement M. Deburau. » (Nouvelle hilarité). Je dis : « Le plus pressé est de secourir le blessé, je tâche de lui donner les soins *les plus possibles*, je le prends sur mon dos et je le dépose dans une maison *dont* la paysanne était à la porte. Je lui lavai la figure avec de l'eau et du vinaigre. Le jeune homme ne disait rien, mais il avait les yeux égarés. Je compris qu'il fallait le transporter à Paris. Nous fîmes des démarches pour avoir une voiture, mais nous ne pûmes y parvenir : l'un avait une voiture sans cheval, l'autre un cheval sans voiture. Celui-ci avait bien un cheval et une voiture, mais sa voiture sortait de chez le peintre. Bref, nous ne pûmes avoir le moindre secours. Ensuite, nous rejoignons M. Deburau ; je lui apprends que le jeune homme était fort blessé ; alors j'ai vu sa figure s'altérer ; il me conte comment les choses se sont passées ; que depuis plus de quatre heures il était insulté par cet individu, et qu'enfin il avait perdu patience. Je dis à M. Léger qu'il aurait dû empêcher son apprenti d'insulter M. Deburau ; M. Léger dit alors que c'était ce qu'il faisait. « Vous en avez menti, a dit M. Deburau, c'est vous qui l'excitiez depuis deux heures. » M. Léger n'a rien répondu, alors j'ai pensé que c'était vrai.

M. *le président* : Cette déposition prouverait qu'en effet Deburau avait déjà été insulté à Romainville.....

M. *l'avocat-général* : M. le président ne doit pas tirer cette conséquence de la déposition du témoin.

M. *le président* : J'ai le droit de faire ressortir d'une déposition ce qu'elle peut offrir de favorable à l'accusé. Je prie M. l'avocat-général d'être convaincu que je connais mes devoirs.

MM. Delapochière et Bertrand font une déposition semblable à celle du précédent témoin.

M. Sartelet reproduit en partie les précédentes dépositions. Il ajoute : J'ai dit à M. Léger : « C'est par votre faute que tout cela est arrivé ; vous deviez empêcher votre apprenti d'insulter M. Deburau, au lieu de l'exciter, comme vous avez fait. Vous êtes une canaille! » J'ai dit ensuite à M. Deburau de prendre mon adresse, parce qu'elle pourrait lui être utile dans l'occasion. « Il est heureux pour vous, ai-je ajouté, que nous ayons été témoins de la scène ; car nous pourrons rendre compte de la vérité des faits. » Il me répondit : « Ah ! Monsieur, cela est heureux et malheureux tout à la fois : car si vous n'eussiez pas été là, j'aurais continué de supporter en silence les injures dont j'étais l'objet ; mais vous voyant là, je n'ai pu résister à l'humiliation de me voir insulter devant témoins, et le malheureux événement a eu lieu. » (Sensation.)

M. Dumousseaux, chef de bureau au ministère de la guerre, maire de la commune de Noisy-le-Sec, rend compte, dans les termes les plus touchans, de l'intérêt qu'a su inspirer l'accusé à tous ceux qui le connaissent. Il habite la même maison que Deburau. « Lorsqu'on a su, dit-il, le malheur qui lui était arrivé, ça été un deuil pour tout le monde ; il semblait que chaque famille eût perdu un de ses membres. » (L'accusé éprouve une émotion qui est partagée par tout l'auditoire.)

M. *Haymonnet*, commissaire de police : Je connais depuis six ans l'accusé ; dès le lendemain de l'événement, il est venu à mon bureau pour m'en faire connaître les circonstances : il était profondément affligé. J'en fus d'autant plus étonné que, depuis six ans que je le connais, j'ai été à même d'apprécier son caractère doux, tranquille, et sa bienveillance pour tout le monde. Sa conduite est telle, qu'il jouit dans sa compagnie, comme garde national, et auprès de tout le monde généralement, d'une considération qui n'est pas toujours le partage des personnes placées dans sa position.

L'audition des témoins est épuisée.

M. l'avocat-général Tardif soutient l'accusation.

Mᵉ Delangle, chargé de la défense, après avoir présenté très-brièvement le récit des faits, continue en ces termes : « On serait quelquefois tenté de croire à la prédestination. Deburau est la pierre angulaire du théâtre des Funambules; il joue tous les jours. Par hasard on lui offre un congé, le seul congé qu'il ait jamais obtenu. (Sensation.) Il accepte, il ira passer la journée à la campagne, vous savez ce qui est arrivé. »

Mᵉ Delangle examine ce qui résulte des dépositions des témoins. L'impression générale, c'est que le malheureux Vielin avait été agresseur, agresseur persévérant; c'est qu'il a eu enfin ce qu'il méritait. Quel est l'homme qui, ayant une canne à la main, et étant insulté par un gamin, ne fera pas ce qu'a fait Deburau ?

» Messieurs, dit en terminant Mᵉ Delangle,

tout le monde a fait l'éloge des qualités de Deburau. Il n'est pas de meilleur mari, de plus excellent père, et ce qui, par le temps qui court, est encore un mérite, Deburau est un bon garde national. (Quelques rires dans l'auditoire.)

M. *le président*: Il n'y a pas de quoi rire; celui qui fait exactement son service de garde national fait acte de bon citoyen.

Mᵉ *Delangle*, reprenant: Je termine par un mot, Messieurs; Deburau a passé sa vie à faire rire; eh bien! ne le condamnez pas aux larmes, lui, sa femme et sa jeune famille qui a besoin de son travail. (Marques d'approbation.)

Après cinq minutes de délibération, le jury déclare l'accusé non coupable, et M. le président prononce son acquittement.

La satisfaction que cause ce résultat, contenue d'abord par la présence de la Cour, éclate bientôt par les cris de *vive Deburau!*

CONCLUSION.

Si nous ne nous étions, par notre préface même, condamnés à ne pas toucher à la vie privée de Deburau, nous aurions cité de lui une foule de traits qui l'honorent, qui prouvent qu'il n'est pas seulement excellent acteur, mais encore bon camarade, et comme l'a dit son défenseur, Mᵉ Delangle, bon époux, bon père, bon citoyen. Nous aurions parlé de quelques aventures de sa jeunesse, cité ses amourettes; mais le lecteur comprendra que la délicatesse nous faisait un devoir de nous taire sur tout cela. Quant à son procès en cour d'assises, nous ne pouvions nous dispenser d'en parler, parce que là, comme au théâtre, Debureau appartenait à la foule.

Si, maintenant, on nous demande ce qu'est devenue la famille de Deburau, nous répondrons qu'elle est disséminée sur le globe, que Frantz, marié depuis long-temps et père de famille, parcourt la province avec sa plus jeune sœur, qu'Etienne est écuyer en Belgique, à la tête d'une belle troupe équestre, et que la sœur aînée de notre héros a trouvé un parti considérable, et qu'elle est en Pologne, mariée au lieutenant-colonel Dombrowski

En vente.

PORTRAIT
DE DEBURAU,
Tiré sur un quart Cavalier vélin.

Prix : 5 sous.

PROCÈS
DE FIESCHI
ET DE SES COMPLICES,
DEVANT LA COUR DE PAIRS.

Édition ornée de portraits et fac simile.

3 vol. in-8°.—Prix 8 fr. 75 c.

PORTRAITS
DES ACCUSÉS D'AVRIL
ET DE LEURS DEFENSEURS,

Tirés sur papier vélin, in-8°, format du procès.

Prix : 2 sous.

Le 58e est paru.

www.ingramcontent.com/pod-product-compliance
Lightning Source LLC
Chambersburg PA
CBHW060716050426
42451CB00010B/1474